AF371011

ALBUM DRAMATIQUE.

Recueil de Pièces Nouvelles jouées sur tous les Théâtres de Paris.

THÉATRE DU LUXEMBOURG.

LA

MÈRE GIGOGNE

REVUE - VAUDEVILLE EN DEUX ACTES ET TROIS TABLEAUX,

DE M. ALEXANDRE FLAN.

PRIX : **30** CENTIMES.

Paris.

Au Magasin des Pièces de Théâtres anciennes et nouvelles,

CHEZ MIFLIEZ, LIBRAIRE-ÉDITEUR, PASSAGE VENDOME, 19.

TRESSE, successeur de BARBA. Palais Royal, galerie de Chartres, 2 et 3.

1854.

LA
MÈRE GIGOGNE

REVUE-VAUDEVILLE EN DEUX ACTES ET TROIS TABLEAUX,

DE M. ALEXANDRE FLAN,

Représentée, pour la première fois, à Paris, sur le Théâtre du Luxembourg,
le 23 Décembre 1854.

Premier Tableau :	*Deuxième Tableau :*
LA POTICHOMANIE.	LE DINER DE L'EXPOSITION.

Troisième Tableau :

LES NIAMS-NIAMS. — LA NONNE CINGLANTE. — LA CONSCIENCE.

PERSONNAGES.

	MM.		Mesd.
POTICHARD........................	CHAUMETTE.	LA MÈRE GIGOGNE............	ADOLPHE.
BOUSTIFAILLE....................	CARRAT.	LA SEINE........................	MARIE-LAINÉ.
CALENDRIER.....................	POTEL..	L'OPÉRA-COMIQUE.............	
EDOUARD.........................		ADÉLAIDE.......................	AIMÉE-KLEIN.
RIGOLO...........................	DUPUIS.	L'OPÉRA LYRIQUE.............	
BADIGEON........................		LA NONNE......................	ADÈLE.
DUR-A-CUIRE....................	AUGUSTE.	TURLURETTE...................	
CASTOR...........................	FÉLICIEN.	MADAME POTICHARD..........	MARIE.
BIRMINGHAM....................	MORETEAU,	TROIS ACTIONNAIRES.........	PERSONNAGES
CRÉ-CHIEN......................	ET	UN CUISINIER..................	MUETS.
PRESTO...........................	TALLIN.	UN OURS.......................	
UN CRIEUR.......................	CHENEST.	(DINEURS.)	

La Scène se passe à Paris.

ACTE PREMIER.

PREMIER TABLEAU.

—

La Potichomanie.

Une chambre à coucher. — Au fond, un lit fermé par des rideaux. — Sur le premier plan, à gauche, une cheminée avec pendule. — Portes latérales. — Un Guéridon, sur lequel sont posés tous les accessoires de la Potichomanie. — Chaises, fauteuils.

SCÈNE PREMIÈRE.

POTICHARD, SEUL.

(Au lever du rideau, le jour commence à paraître. La scène est vide. L'orchestre exécute en sourdine l'air de : *Dodo, l'enfant do.* On entend ronfler bruyamment. Au bout de quelques instants, Potichard, coiffé d'un bonnet de coton, passe la tête entre le rideau du lit.)

POTICHARD, en caleçon. Le jour !... (Il saute en bas du lit, et va à la pendule en se détirant.) Six heures !... et Mme Potichard et moi nous ronflons... et ma fille aussi dort encore !... et ma bonne aussi dort encore !... (Frappant à la porte de gauche.) Adélaïde ?... (A la porte de droite.) Turlurette? Femme Potichard ?..

SCÈNE II.

POTICHARD, MADAME POTICHARD, puis ADÉLAIDE.

MADAME POTICHARD (en jupon et en camisole). Qu'y a-t-il ?...

POTICHARD, tragique. Ce qu'il y a ?...

MADAME POTICHARD. Achevez...

POTICHARD. Il y a que la potiche nous réclame. Nous devions nous y re... consacrer au milieu de la nuit, et le jour est venu nous surprendre dans les bras d'Orphée...

MADAME POTICHARD, Morphée...

POTICHARD. Je dis Orphée avec intention ; puisque, en ronflant, nous exécutions un nocturne à deux nez... (Frappant de nouveau à gauche.) Adélaïde !...

ADÉLAIDE, au dehors. Je mets mon pantalon...

POTICHARD. Ma fille se culotte... Vous, femme Potichard, passez un peignoir... j'endosse ma robe de chambre... Voilà ma fille... livrons-nous à la potichomanie...

ADÉLAIDE, entrant en bâillant. Bonjour papa, bonjour ma ..

POTICHARD. Tu nous diras bonjour ce soir ; pour l'instant, potichons...

AIR : Paillasse.

Potiches,
Postiches,
Telle est la fureur du moment ;
Potiches,
Postiches,
Quel goût charmant !
La Chine, partout se pavane,
Sur les bocaux sur les cruchons ;
Ornons le verre diaphane,
Paris s'est fait potichomane.
Potichons.　　　(Bis.)

REPRISE ENSEMBLE.

Potiches,
Postiches, etc.

POTICHARD. Voyons, ma femme ; voyons, ma fille ; ne laissons pas éteindre la fièvre qui nous dévore, montrons-nous de dignes Parisiens ; potichons avec acharnement, avec amour. Perdons-en le boire, perdons-en le manger, perdons-en le dormir. Passons nos matinées, nos après-midi, et nos nuits à décorer toute espèce de vases en verre, des sujets les plus variés et les plus chinois... les plus cochinchinois même.

ADÉLAIDE. En fait de Chine, j'aime mieux les crêpes.

POTICHARD. Vandale enfant ! renier un art facile et peu dispendieux, qui nous élève à la hauteur des naturels du Céleste empire...

ADÉLAIDE. Tant pire !

POTICHARD. Qui nous permet de faire, avec de vulgaires bocaux et de simples languettes de papiers peints, des imitations de porcelaines de la Chine et du Japon.

ADÉLAIDE. Ça n'est pas le Pérou...

POTICHARD. Et c'est au moment, ô ma fille, où, à l'instar de tes père et mère, tu fais des progrès réels, où tu affiches les potiches les plus riches, que tu t'en fiches, godiche ! (Prenant le vase qu'il décore et le montrant au public.) Regardez-moi ça... N'est-ce pas à jurer que ce produit nous arrive en droite ligne de Pékin, de Nankin, ou de Tonkin... Eh bien ! pour parvenir à ce résultat... qu'avez-vous à faire ? Presque rien. Vous prenez un vase en verre, comme celui-ci, ou un pot à confiture, aussi en verre ; voire même un couvre-fromage où un bocal de cornichons, toujours en verre... absolument comme une tragédie ; et, à l'aide d'un petit pinceau enduit de colle, vous émaillez l'intérieur du vase susdit de petits papiers représentant des Chinois... pas de la mère Moreaux ; des dragons... pas à cheval ; des baleines... pas de corsets ; et autres chinoiseries, et le tour est fait ! Vous avez une potiche postiche qui vaut mille francs... comme trente sous.

ADÉLAIDE. N'importe ! j'aime mieux la shotish que la potiche...

MADAME POTICHARD. C'est ça, mademoiselle raffolle des danses nouvelles, des pas à la mode ; après la scotish : la varsoviana, l'impériale ; et maintenant, le tango.

ADÉLAIDE. Une danse américaine...

POTICHARD. Adélaide, je ne veux pas que tu t'engoues du tango... sois potichophile... (On entend le bruit d'une sonnette.)

ADÉLAIDE. On sonne... mon futur peut-être... S'il nous trouve occupés à de pareilles niaiseries.

POTICHARD. Tant mieux !... femme Potichard, fille Potichard, reprenons notre œuvre...

ADÉLAIDE. Quel ennui !...

SCÈNE III.

LES MÊMES, TURLURETTE.

TURLURETTE. Notre maître... c'est M. Anatole Rigolo, architecte... ce jeune homme qui venions pour épouser mamzelle.

POTICHARD. Qu'il entre, Turlurette, qu'il entre. Voyons, ma femme ; voyons, ma fille... repotichons... (Chantant.)

Potiches,
Postiches,
Telle est la fureur du moment...

(S'arrêtant court.) Ou plutôt non, cessons de décorer le verre ; dissimulons cet attirail chinois... je veux connaître l'opinion de mon futur gendre à l'endroit de la potiche ; la potichomanie est la pierre de touche du mariage.

SCÈNE IV.

LES MÊMES, RIGOLO, introduit par Turlurette.

POTICHARD. Eh ! bonjour donc, mon cher futur gendre ; eh ! bonjour donc, matinal futur beau fils.

RIGOLO, tenue excentrique, rouleaux de papier dans toutes les poches. Cher beau-papa futur, cher belle-mère, mademoiselle...

POTICHARD. Quoi de nouveau dans la capitale ? (A part.) Je ruse...

MADAME POTICHARD. Des agrandissements ? des embellissements ?

RIGOLO. C'est la fortune pour nous autres architectes ; et cette fortune, je suis heureux de la déposer aux pieds de mademoiselle...

ADÉLAÏDE, saluant. Monsieur...

POTICHARD. Déposez, mon futur gendre, déposez.

RIGOLO. Tenez, beau-papa, j'ai précisément sur moi certain petit plan que je vais s umettre à la Ville...

POTICHARD. Ah ! ah ! voyons, et tâchez que votre projet ne reste pas en plan...

RIGOLO. Il s'agit de l'élargissement de la rue de Rivoli...

POTICHARD. Déjà !

RIGOLO, déployant son plan. J'abats toutes les maisons que voilà.

MADAME POTICHARD. Tout ça ?..

RIGOLO. Oui... Suivez bien : je démolis le quartier du Palais-Royal, je démolis le quartier Vivienne, je démolis le quartier Montmartre... le quartier Poissonnière, le quartier Saint-Denis... je démolis le quartier Saint-Martin, le quartier Saint-Antoine... le quartier...

POTICHARD. Sapristi ! vous ne faites pas de quartier.

RIGOLO. Un pâté de douze ou quinze mille maisons tout au plus...

TURLURETTE. Abattre un pareil pâté, quelle boulette !

RIGOLO. Je donne quinze cents mètres de largeur à la rue de Rivoli...

POTICHARD. Quinze cents mètres !

RIGOLO. Près d'une demi-lieue de large ; tout l'espace compris entre les quais et les boulevarts...

POTICHARD. Vous n'avez pas les idées étroites...

RIGOLO. Et la rue de Rivoli s'appelle désormais rue Rigolo, Rigolo street ; j'immortalise ainsi le nom que j'offre à Mademoiselle ; et, en attendant, l'Institut, la croix peut-être...

POTICHARD. A merveille !... Maintenant, descendons un peu des hauteurs de l'apothéose ; j'ai jugé l'architecte, je veux connaître l'homme... (Montrant une potiche.) Qu'est-ce que vous dites de ce produit ?

RIGOLO, riant. Ah ! ah !.. vous vous amusez à ça aussi, vous ?

POTICHARD, vexé. A ça !...

RIGOLO. Vous êtes potichophile...

POTICHARD. Je m'en flatte...

RIGOLO. Potichomane...

POTICHARD. Je m'en vante...

RIGOLO. Potichinomane...

POTICHARD. J'en suis fier.

RIGOLO.

AIR : Mazaniello.

Moi, j'aspire aux plans gigantesques,
Je ne puis...—bien plus, je ne dois
Pas m'abaisser aux arabesques,
Aux dessins de vos pots chinois ;
Potichomaner peut vous plaire,
Potichez-donc, bon gré mal gré...
Au lieu de décorer le verre,
C'est moi que j'veux voir décoré.   (Bis.

POTICHARD. Vous plaisantez, jeune architecte.

RIGOLO. Il y a de quoi... Un honnête rentier comme vous, donner dans la potichomanie !

POTICHARD (faisant reculer Rigolo à chaque phrase.) Mais ma femme aussi y donne, Monsieur ; mais ma fille aussi y donne, Monsieur ; mais ma bonne aussi y donne, Monsieur...

TURLURETTE. Un peu que j'potichons... A preuve que j'avons arraché tout le papier de ma mansarde pour l'coller dans mon pot...

MADAME POTICHARD. Ne dites pas dans quel pot, Turlurette.

TURLURETTE. Dans mon pot à beurre...

POTICHARD. Je ne lui fais pas dire... (Lui serrant la main). C'est bien, Turlurette...

RIGOLO (qui s'est approché d'Adélaïde). Quoi ! Mademoiselle, vous sacrifiez aussi à la folie du jour ?

ADÉLAÏDE. Bien malgré moi.

POTICHARD. Taisez-vous, Adélaïde ; ne passez pas dans le camp ennemi...

ADÉLAÏDE. Je ne comprends rien à votre fureur pour les pots chinois.

POTICHARD. Vous n'avez pas la prétention d'empêcher les gens tranquilles d'aimer leurs pots.

ADÉLAÏDE. J'ai la prétention de ne pas subir plus longtemps une manie dont les Parisiens devraient rougir...

MADAME POTICHARD. Impertinente !

ADÉLAÏDE. Passer son temps à de pareilles sornettes... c'est perdre l'esprit...

POTICHARD. Ah ! c'est trop fort...

AIR : Charlatanisme.

(Désignant sa femme, sa bonne et lui.)
Soutenir que vous, elle et moi
A décorer ainsi le verre,
Nous perdons la tête ; ma foi,
C'est se montrer un peu sévère.
Dans l'oisiv'té l'esprit se perd,
Et je me fais potichomane ;
Paris en potiche est expert,
L'esprit français se r'trouve dans Duvert...

RIGOLO.

Soit ! mais dans Duvert... et Lauzanne. (Bis.)
Oui,

POTICHARD. Dites-moi tout de suite que je suis bête comme un... (Il montre son pot.)

RIGOLO. Loin de moi une pareille pensée, cher futur beau-papa.

POTICHARD. Je vous interdis de me prodiguer ce nom aussi caressant que familier.

ADÉLAÏDE. Quoi ! mon père !...

RIGOLO. Quoi ! son père !

POTICHARD. Vous êtes indigne de stationner dans mes lares, indigne de vous immiscer à la famille Potichard, du moment que vous ne conjuguez pas avec ma femme, avec ma fille, avec ma bonne, et avec moi le verbe : Je potichomane, tu potichomanes...

MADAME POTICHARD. Il potichomane...

TURLURETTE. Nous potichomanons...

RIGOLO. Octroyez-moi la main de votre fille, et je me livre aux potiches les plus colossales...

POTICHARD. Trop tard, Monsieur, trop tard ! j'ai du jugement, et j'ai porté le mien sur votre compte : un adolescent qui ne comprend pas la potichomanie ne doit pas avoir des habitudes d'intérieur, des mœurs régulières. La potichomanie : c'est la soirée chez soi, en pantouffles, en pet-en-l'air, dans le calme, la tranquillité. — Vous ne potichez pas, Monsieur, donc vous êtes un viveur ; vous passez vos soirées à l'estaminet, au bal, au théâtre ; il n'y a plus rien de commun entre nous....

RIGOLO. C'est sérieux ?...

POTICHARD. Comme une pièce du Vaudeville.

ADELAIDE. Pauvre jeune homme !

POTICHARD. Allez élargir la rue de Rivoli, jeune architecte, allez...

RIGOLO. Ah ! c'est comme cela, et c'est à cette misérable potiche que je dois mon malheur ; tiens !... (Il s'empare de la potiche et va la briser.)

POTICHARD, MADAME POTICHARD, TURLURETTE. Arrêtez !...

ENSEMBLE.

AIR : Fernand Cortez.

Quel scandale effrayant !
Quelle audace il affiche !
De chez nous à l'instant,
Qu'il sorte, l'intrigant !

ADELAIDE.

Laissez vous apaiser.

POTICHARD.

Excepté ma potiche...

RIGOLO.

Laissez-moi m'excuser...

POTICHARD.

Non ! je veux tout briser !

REPRISE.

SCÈNE V.

LES MÊMES, LE CALENDRIER, vêtu d'un costume divisé en douze colonnes, représentant les douze mois, coiffé d'un bonnet terminé par une girouette, et portant au cou un collier sur lequel sont représentés les douze signes du zodiaque.

LE CALENDRIER. Eh ! la, la... voilà bien du bruit...

MADAME POTICHARD. Le Calendrier !

POTICHARD. Je n'ai pas le temps de m'occuper de vous.

CALENDRIER. Bah ! jetez un coup-d'œil sur mon costume, vous verrez qu'il n'est question que de *mois*.

TURLURETTE, lisant. Janvier, février, mars...

POTICHARD. Qui vous amène ?

CALENDRIER. Votre dispute.

POTICHARD. Vous n'avez rien à voir dans nos affaires ; je me brouille avec mon futur gendre...

TURLURETTE. Eux, brouillés !..

CALENDRIER. Et je viens vous raccommoder avec lui.

ADELAIDE. Que dit-il !

POTICHARD. De quel droit ?

CALENDRIER ('désignant sur son costume le 1ᵉʳ janvier). Voilà...

POTICHARD. C'est juste, premier janvier, le jour de l'an.

CALENDRIER. Faites la paix, embrassez-vous, et que ça finisse...

RIGOLO. Sans rancune, beau-père...

POTICHARD. Sans rancune.

RIGOLO. Je vous embrasse...

POTICHARD. Puisqu'il le faut...

RIGOLO. Dans la personne de votre fille... (Il embrasse Adelaïde.)

POTICHARD, MADAME POTICHARD. Hein !..

CALENDRIER.

AIR : Réveil-matin (Henrion).

C'est l'grand jour où l'on s'embrasse ;
Dans ce jour si beau,
Tous, avec ou sans grimace,
Font leur p'tit cadeau ;
Allons vite, et sans reproches,
L'argent à la main...
Que les écus dans vos poches
Sautillent soudain.

(Faisant sauter de l'argent.)

Tin, tin, tin,
Tin, tin, tin,
Videz le fond de vos poches,
Tin, tin, tin,
L'argent à la main.

REPRISE ENSEMBLE.

Tin, tin, tin, etc.

CALENDRIER.

Surtout, songez aux étrennes
De votre portier,
Qui vous promet mille aubaines,
Le premier janvier ;
Donnez-lui cent sous, n'importe...
L'premier au matin,
Sinon, l'soir, à votre porte,
Vous sonn'rez en vain.

(Imitant le bruit d'une sonnette.)

Tin, tin, tin,
Tin, tin, tin,
Vous coucherez à la porte
Tin, tin, tin,
Jusques au matin.

REPRISE ENSEMBLE.

Tin, tin, tin, etc.

CALENDRIER. Eh ! bien, et ce cadeau de jour de l'an ?

POTICHARD. Diable ! ainsi à l'improviste... Ah ! quelle idée ! (Donnant sa potiche à madame Potichard.) Madame Potichard, je te la souhaite bonne et heureuse...

MADAME POTICHARD (lui donnant une autre potiche.) Et moi, pareillement.

TURLURETTE, donnant aussi une potiche à Potichard. Accompagnée de plusieurs autres...

POTICHARD. Merci... (Il donne à Turlurette la potiche que lui a remise sa femme.) Nous faisons comme le serpent, nous changeons de *pots*.

ADELAIDE. Et moi, mon père, mes étrennes ?

POTICHARD. J'autorise ton mariage avec ce... potichophobe.

ADÉLAIDE. Quel bonheur !

RIGOLO. Que de reconnaissance !

POTICHARD. Et maintenant, madame Potichard, allez avec votre fille et votre bonne
présider aux soins du trousseau; vous, mon
futur gendre, occupez vous des publications lé-
gales et du repas de noces.... Quant à moi, je
vais demeurer seul avec moi-même, et me consacrer plus que jamais à la potiche... Allez !

Air : Pré-aux-Clercs.

Que soudain,
De l'hymen,
On prépar' le festin ;
Car l'hymen,
C'est certain,
Du bonheur est l'chemin.

REPRISE EMSEMBLE.

(Tous les personnages sortent à l'exception de
Potichard et de Calendrier, qui s'asseoit..)

SCÈNE VI.

POTICHARD, CALENDRIER.

CALENDRIER. Un vrai vaudeville, finissant
par un conjungo et l'ensemble de rigueur ; il ne
manque plus que le couplet au public.

POTICHARD. Vous êtes encore là !

CALENDRIER. Comme vous voyez.

POTICHARD. Vous vous installez... sans façon...

CALENDRIER. Ne suis-je pas ici chez moi ?

POTICHARD. Chez vous !...

CALENDRIER. De par la loi du facteur ! je
m'implante dans votre domicile.

POTICHARD. C'est ce que nous allons voir.

CALENDRIER. C'est tout vu... et vous serez
bien heureux de me consulter de temps en
temps...

POTICHARD. Consulter un calendrier ?

CALENDRIER. Parbleu ! Et de chanter avec
moi : (Chantant).

Joli mois de mai quand reviendras-tu,
M'apporter !...

POTICHARD. N'achevez pas...

CALENDRIER. Ingrat ! vous ne savez donc pas
combien je suis utile à l'humanité... N'est-ce
pas moi qui vous annonce les jours de fête, les
anniversaires ?...

POTICHARD. Vous me rappelez le jour du
terme, l'échéance de mes billets... Vous me
rappelez surtout la date de ma naissance... et
je ne tiens pas à savoir que je vieillis...

CALENDRIER.

Air : Te souviens-tu ?

Bah ! laissez-donc... le bonheur dans la vie,
C'est de pouvoir remonter pas à pas,
Le cours du temps et la route suivie,
Qu'on interroge en soupirant tout bas ;
Amours d'enfance, aveux remplis de charmes,
On se retrempe à vos premiers plaisirs ..
Quand le présent nous fait verser des larmes, } Bis.
On les efface avec les souvenirs.

POTICHARD. Satané Calendrier ! il m'émeut...
Je ne savais pas qu'avec des jours et des dates
on pouvait humecter un homme à ce point-là...

Il serait capable de me faire aimer les dattes,
moi qui ne comprenais que le pruneau.

CALENDRIER. C'est mon côté moral... Voulez-
vous maintenant m'examiner au point de vue
instructif ? Soyez obéi. Chacun des mois dont
je suis formé correspond à un signe du zodiaque... Interrogez ces douze signes, et vous verrez quelle influence ils exercent sur les mœurs
de l'humanité...

(Désignant l'un après l'autre les douze signes représentés sur son collier.)

Air : Margot.

Observez chaque
Sign' du zodiaque,
Par ce moyen l'av'nir est esquivé ;
On y peut suivre,
Comme en un livre,
Tel ou tel sort à chacun réservé.

Ecoutez-donc, ma science est certaine ;
Celui qui naît sous l'signe du Verseau,
D'vient receveur du fisc et du domaine,
Et ne sort pas du recto... du verso ;
Suivez : je passe...
A cette place,
Vous distinguez le signe des Poissons ;
Son influence,
O patience !
Fait les pêcheurs à la ligne... Passons...
Ici l'bélier : craignez les coups de tête...
On d'vient brutal sous l'Taureau que voilà.
Puis les Gémeaux : c'est l'amitié parfaite...
Ah ! combien peu sont nés sous ce sign'-là.
Sous le caprice
De l'Écrevisse,
Qui voit le jour, ne va qu'à reculons ;
Niant l'aurore,
Tout près d'éclore,
Où la vapeur dirig'ra les ballons.
Sous le Lion à la crinière fauve,
Venir au monde est un honneur très grand ;
Sous le Lion est né le soldat qui sauve,
L'Europe entière en sauvant l'Orient.
Ce signe calme,
Portant la palme,
Est peu connu dans Asnière et son parc.
Vaillante et digne,
C'est sous ce signe,
Qu'au temps jadis s'éveilla Jeanne-d'Arc.
Ceux qui sont nés sous l'sign' de la Balance,
Sont avocats, juges, faiseurs de lois,
Ou commerçants... excepté ceux, je pense,
Qui pèsent mal et vendent à faux poids.
Il nous faut plaindre,
Mais sans les craindre,
Ceux qui sont v'nus sous l'sign' du Scorpion ;
La calomnie
Est leur génie,
Ils n'ont pour tous que fiel et que poison.
Celui qui naît sous l'sign' du Sagittaire,
Mieux partagé, devient des plus adroits...
Que la fortune, hélas ! lui soit contraire,
Qu'importe ! il sait fair' flèche de tout bois.
Au dernier signe,
On se résigne,
C'est triste et drôle ! Aussi, baissant le cou,

Boudeur et morne,
Le Capricorne,
En se cachant semble dire : coucou!
Que les maris sachent mettre une borne
A la fredaine, et donnent, les premiers,
Le bon exemple aux femm's... le Capricorne
Sera rayé de leurs calendriers.

Observez chaque
Sign' du zodiaque,
Par ce moyen l'av'nir est esquivé ;
On y peut suivre,
Comme en un livre,
Tel ou tel sort à chacun réservé.

REPRISE ENSEMBLE.

CALENDRIER.
Observez chaque, etc.
POTICHARD.
Observons chaque, etc.

POTICHARD. Tout cela est très intéressant... n'importe ! j'en reviens à ma poti-homanie...

CALENDRIER. Ah ! ça... c'est une vraie maladie de pots que vous avez là. Vous n'êtes plus un maniaque, vous êtes un fou ; laissez-moi vous guérir...

POTICHARD. Me guérir !

CALENDRIER. Savez-vous pourquoi vous êtes encroûté à ce point dans la potiche ? Parce que la potiche est la seule nouveauté de l'année qui soit arrivée jusqu'à vous. Si vous aviez couru de merveille en merveille, vous vous seriez distrait au milieu de toutes, et vous n'auriez pas fait d'une seule d'entre elles votre éternelle distraction.

POTICHARD. 1854 a donc été fertile en choses curieuses ?

CALENDRIER. Sans doute...

POTICHARD. Et sa dernière heure va venir, et je n'aurai pas vu le quart de ce que l'année a produit.

CALENDRIER. Il en est temps encore... Avant de s'endormir dans la nuit des siècles, l'année va passer en revue ses nombreux enfants ; dire un dernier adieu à ceux qui mourront avec elle, et léguer à 1855 ceux qui seront dignes de lui survivre. Assistez à cette revue... (Musique.) Justement, voici 1854.

SCÈNE VII.

LES MÊMES, LA MÈRE GIGOGNE.

POTICHARD. Sapristi ! quelle grosse mère !...
MÈRE GIGOGNE. Parbleu ! je suis l'an de grasse 1854.
POTICHARD. Ah ! ah ! mais c'est la mère Gigogne.
CALENDRIER. Hein ?
MÈRE GIGOGNE. Laissez-le dire...

Air : Marianne.

Allez, moquez-vous sans vergogne
De ma tournure et de mon ton,
Soit ! je suis la mère Gigogne,
Je me ris du qu'en-dira-t-on.

Oui, je suis grasse,
Et quand je passe,
Comme pour quatre il me faut de la place;
Aussi l'on raille,
Et de ma taille,
Les plus polis disent : quelle futaille !
Mais lorsqu'à tous ma main dispense,
Du pain, des bienfaits, des trésors...
Mon vrai nom se devine alors,
Ce nom : c'est l'Abondance,
Oui, je suis l'Abondance.

POTICHARD. A propos d'abondance, vous avez été joliment chiche de vin.

MÈRE GIGOGNE. Le peu qu'il y aura sera excellent...

POTICHARD. Certes, oui... mais il n'y en aura pas.

MÈRE GIGOGNE. Ce sont les marchands de vins qui font courir ce bruit-là... Je vous donne du pain à discrétion, du vin à flots, des tragédies à ne savoir qu'en faire, des opéras à oreille que veux-tu ? Et, tenez, encore en ce moment, je viens de mettre au jour, sous les arcades de l'Odéon, un tas de petits gaillards qui vont courir la capitale, la province, le monde entier... (Ritournelle de l'air qui va suivre.)

Les Petits Paris, mes derniers nés, les petits frères des Mémoires de Bilboquet, ils sont d'un volume assez mince, mais ils ont autant de verve qu'ils sont petits... (Tirant de sa poche les divers volumes des Petits-Paris.)

AIR : Bal du Sauvage.

Voilà Paris-portière
Et Paris-restaurant,
Paris-millionnaire,
Paris-étudiant ;
C'est une galerie
Où l'esprit a son prix.
Mes Petits
Paris,
J' parie,　　　　　　　Bis.
S'ront pris,
Chéris
Par tout Paris.
V'là Paris-journaliste,
Paris en omnibus,
V'là Paris-vaud'villiste,
Et Paris... un de plus.

C'est une galerie, etc.

REPRISE ENSEMBLE.

C'est une galerie, etc.

CALENDRIER. Eh ! bien, Potichomane ?

POTICHARD. Je renonce aux potiches, je me dépote... je m'attache aux jupes de la mère Gigogne, je veux passer avec elle la revue de ses enfants... Venez-vous avec nous, Calendrier ?

CALENDRIER. Je reste ici ; je prends place au coin de la cheminée... je m'y accroche...

POTICHARD. A votre aise...

MÈRE GIGOGNE. Et nous, en route !...

ENSEMBLE.

Air : Galop tourbillon.

POTICHARD, MÈRE GIGOGNE.

Courons,
Partons,
L'heur' de la r'vue
Est venue ;
Courons,
Partons,
Sans plus tarder décampous.

CALENDRIER.

Courez,
Partez,
L'heur' de la r'vue
Est venue ;
Courez,
Partez,
Sans plus tarder, décampez.

(Potichard et la mère Gigogne sortent en galopant.)

FIN DU PREMIER TABLEAU.

ACTE DEUXIÈME.

DEUXIÈME TABLEAU.
—
Le Dîner de l'Exposition.
—

Une rue. — Au fond , l'entrée d'un établissement portant pour enseigne : *Société générale de gastronomie, dîner de l'Exposition*, Badigeon , monté sur une planche posée sur deux échelles doubles, blanchit la maison du fond.

———

SCÈNE PREMIÈRE.
BADIGEON, POTICHARD, MÈRE GIGOGNE.

BADIGEON, chantant.

Quand l'étranger ose envahir la France,
Il faut danser à la voix du canon.

POTICHARD, entrant. Oui... oui... je la connais, celle-là : cafés-concerts, orgues de Barbarie, clarinettes d'aveugles, flageolets ambulants, c'est à qui m'écorchera le plus les oreilles...

BADIGEON.

Quand l'étranger ose envahir la France,
Il faut danser...

POTICHARD. Dansez, si vous voulez, mais ne chantez pas.

BADIGEON. As-tu fini ? cosaque !

POTICHARD. Cosaque !

BADIGEON, secouant son pinceau. Gare dessous !

MÈRE GIGOGNE, entrant. Passez donc à gauche, Monsieur Potichard.

BADIGEON. Mais non, passez à droite...

POTICHARD. A droite... à gauche... c'est à ne plus savoir comment circuler avec tous vos badigeonnages...

BADIGEON. Suivez le milieu de la chaussée...

POTICHARD. C'est ça, pour me faire macadamiser. Dites donc, Mère Gigogne, si c'est vous qui avez eu l'idée de remettre le badigeon à la mode, je ne vous en félicite pas...

BADIGEON, descendant. De quoi !... de quoi ! bonhomme, n'éclaboussez pas le badigeon... (le menaçant de son pinceau) ou je vous passe le menton à la savonnette. Le badigeon ! mais on ne peut rien faire sans lui... c'est la base de la société... Qu'est-ce que l'instruction ? un badigeon donné à la jeunesse... à la colle, pour les esprits studieux, à la détrempe, pour les feignants. Le vernis du grand monde ? badigeon ; les serments d'amour ? badigeon.

Air : Le bel Œil (Carton vivant).

Badigeon,   (bis)
C'est le cri de la saison ;
Que de gens, sans façon,
Dans mon pot font le plongeon.

La coquette qui vieillit,
Dont l'front se ride et jaunit,
Qui, d'vant sa glace, à l'écart
Se met un'couche de fard.

Badigeon, etc.

Cet auteur des plus malins
Qui puise chez ses voisins,
Et r'couvre l'esprit d'autrui
De quelques phrases de lui.

Badigeon, etc.

Ce peintre au talent fougueux,
Ce réaliste fameux,
Qui, sous prétexte de vrai,
Nous peint la nature en laid.

Badigeon, etc.

MÈRE GIGOGNE. Et vous avez beaucoup de besogne ?

BADIGEON. Un peu ; d'autant plus qu'outre les monuments publics et les maisons particulières, je badigeonne la littérature.

POTICHARD. Vraiment !

BADIGEON. J'ai badigeonné la Chambre ardente à la Porte-Saint-Martin ; la Nonne sanglante, un vieux méli-mélodrame dont j'ai fait un opéra. En fait de feuilletons, les Mystères de Paris, dont j'ai fait les Mohicans de Paris. Pour l'instant, je viens de badigeonner l'établissement que voilà...

POTICHARD, lisant. Société générale de Gastronomie.

MÈRE GIGOGNE, lisant. Dîner de l'Exposition.

BADIGEON. Si vous grattiez un peu ma couche de peinture à l'eau de Jouvence, vous liriez : Restaurant omnibus.

MÈRE GIGOGNE. Ces immenses gargottes qui ont fait tant de bruit jadis.

POTICHARD. Tant il est vrai qu'il n'y a rien de neuf sous le soleil.

BADIGEON. Pas même le Temple neuf, qui n'est qu'une seconde édition de la Halle aux habits.

POTICHARD. Et quand ouvre le Dîner de l'Exposition ?

BADIGEON. Aujourd'hui même...

POTICHARD. Nous irons voir ça...

MÈRE GIGOGNE. Volontiers.

POTICHARD, la poussant du coude. En tête à tête.

MÈRE GIGOGNE. Voulez-vous vous taire..... homme marié.

BADIGEON. Et maintenant, je vole à d'autres travaux ; avant que je ne parte, bonhomme, avez-vous besoin d'une chemise ?

POTICHARD. Comment ? vous êtes à la fois badigeonneur et chemisier...

BADIGEON. Je vous parle d'une chemise... pour votre maison.

POTICHARD. Ah ! bien...

BADIGEON. Autrement dit, un badigeon.

REPRISE.

Badigeon, etc.   (Bis).

(Il sort en courant et se jette successivement par ricochet dans les trois personnages qui entrent.)

SCÈNE II.

POTICHARD, MÈRE GIGOGNE, BIRMINGHAM, PRESTO, CASTOR.

BIRMINGHAM, accent anglais. Aôh !

PRESTO, accent italien. Aïe !

CASTOR. Holà !

POTICHARD. Quels sont ces trois... bousculés ?

MÈRE GIGOGNE. Trois enfants de la Mère Gigogne, trois inventeurs de 1834.

POTICHARD, saluant. Messieurs... et vous allez ?...

BIRMINGHAM. Very well...

POTICHARD. Je ne vous demande pas de vos nouvelles, je vous demande où vous allez...

BIRMINGHAM. Retenir la place de vô...

PRESTO. Dans li palais.

CASTOR. De l'industrie.

POTICHARD. Ah ! bien...

MÈRE GIGOGNE. Vous désirez connaître les inventions de ces messieurs...

POTICHARD. Comment donc...

BIRMINGHAM. Ce être moâ qui suis sir Alexandre Birmingham...

PRESTO. Ze souis il signor Presto ..

CASTOR. Et moi le célèbre Castor...

MÈRE GIGOGNE. Chacun son tour, s'il vous plaît.

BIRMINGHAM. Ce être moâ qui étais le fameux, l'extraordinary, l'incomparable créateur du porte-ploume que voici...

POTICHARD. Le besoin ne se faisait généralement pas sentir d'avoir un nouveau porte-plume.

BIRMINGHAM. Aôh, ce n'être pas une simple batonne comme les autres ; ce était une porte-ploume galvanique, une porte ploume chimique, une porte-ploume voltaïque, une porte-ploume électrique ; have-you une névralgie ?

POTICHARD. Ma foi, non.

BIRMINGHAM. Have-you le migraine ?

POTICHARD. Pas davantage.

BIRMINGHAM. Have-you le indigestion, le colique, ou le rhume de cervelle ?

POTICHARD. Rien de tout cela...

BIRMINGHAM. Eh ! bien, prenez le porte-ploume de moâ ; l'action de le galvanisme sur le organisme guérit vô à la minioute...

POTICHARD. Mais, puisque je ne suis pas malade.

BIRMINGHAM. Ce ne faisait rien, prenez toujours.

POTICHARD, prenant le porte-plume. Voilà...

BIRMINGHAM. Maintenant, écrivez sur cette petite carnette....

POTICHARD. Écrire quoi ?...

BIRMINGHAM. Ce que vô vôdrez...

POTICHARD. Je vais écrire l'histoire de ma vie... (Après avoir commencé à écrire.) Aïe !

TOUS. Quoi donc !..

POTICHARD. Ah ! que c'est bête... Qui est-ce qui m'a donné un coup de pied dans le... ?

MÈRE GIGOGNE. Personne...

POTICHARD. Cependant, j'ai reçu un coup de pied dans le...

BIRMINGHAM. Ce était mon porte-ploume.

POTICHARD. Comment ça !...

BIRMINGHAM. Mon invenchonne était toute simplement un petit pile électrique, et quand vous écrivez avec le porte ploume de moâ, vous êtes éloctrisé... vous recevez un pile... Volvô encore ?

POTICHARD. Merci, je sors d'en prendre.

BIRMINGHAM. A présent le sang de vô, il circule...

POTICHARD. J'aimerais mieux vous voir circuler...

BIRMINGHAM. Et vô portez vô very well...

AIR : A genoux :

Pour un migraine ou pour un' rhume,
Plus besoin d'chercher un médecin,
Vô prenez mon p'tit' porte-plume,
Vous tenez lui dans votre main ;
Au lieu d'faire à le pharmacie
Courir tout le monde à la fois,
Sur un' feuille à l'instant noircie
Vous faites courir vos cinq doigts ;
N'courez plus à le pharmacie,
Mais faites courir vos cinq doigts.

POTICHARD, faisant un pied de nez. Et le pouce. J'aime mieux autre chose.

PRESTO. En ce cas, signor, vi voulez facere connaissança avec ma décoverta... Si ?

POTICHARD. Vous avez découvert l'Amérique ?

PRESTO. No, signor, per Dio ! z'ai découvert le physique... le physique des petits zeunes zens qui se placent tout près... tout près du piano, quand zouent les petites demoiselles, et ze me souis dit : autant de petits zeunes zens, autant d'amoureux.

POTICHARD. Eh ! bien ?

PRESTO. Eh ! bien... per che les petits amoureux sont-ils auprès du piano ?

MÈRE GIGOGNE. Pour tenir le bouquet de l'exécutante.

PRESTO. Nenni...

MÈRE GIGOGNE. Pour ramasser le mouchoir que la pianiste laisse souvent tomber exprès, afin qu'on lui baise la main en le ramassant.

PRESTO. Vi n'y êtes pas... per tourner les feuillets de la mousique...

POTICHARD.—C'est juste...

MÈRE GIGOGNE. C'est juste, quand ça n'est pas faux.

POTICHARD. D'accord.

PRESTO. D'accord, ou pas... n'importe ! (Les prenant chacun par une main, et avec mystère.) Et pendant qu'ils tournent la musique, que font-ils les petits amoureux ?

POTICHARD, cherchant. Ce qu'ils font... ce qu'ils font...

PRESTO. Oui.

POTICHARD, inspiré. Ah!.. (simplement) dam! ils tournent la musique...

PRESTO. Di tout, per baccho ! ils tiennent, mezzo voce, des discours incendiaires ; ils font déciffrer à la demoiselle les gammes de l'amour, ils solfient avec l'exécoutante la partition du cœur...

POTICHARD. Tiens! tiens ! tiens !

PRESTO. Si en voulez oune exemple ? la demoiselle tout haut : la, mi ; le monsieur tout bas : l'ami, c'est moi ; la demoiselle : la, do, ré ; le monsieur : l'adorée, c'est vous ; la demoiselle : ré, si ; le monsieur : écoutez celui de mes maux ; la demoiselle : do, do ; le monsieur : avec vous.

MÈRE GIGOGNE. Eh ! tout beau.... et les mœurs ?

PRESTO. Eh ! bien, signor ; eh ! bien, signora, ze soupprime cette conversation clandestine et en partie double. Ze souis l'inventeur d'oune pédale, qui, au moyen d'oune tringle et d'un crocet magnétique, tourne les pages de mousique sans le secours d'aucun blond, sans la présence d'aucun brun. Quel service ze rends aux mères de famille ? Si ?

POTICHARD. En effet...

PRESTO. Et comme ze fais ressortir avec éloquence tous les avantages de mon invention.

MÈRE GIGOGNE. Vous êtes digne d'une médaille de bronze... pour votre platine.

PRESTO. Ze le souis, ze le souis... Aussi ze cours retenir ma place aux Camps-Élysées.

AIR : Un jour (Heurion).

Oui, mon tourne mousique
  Tout magnétique,
Rend un service ounique
  Et magnifique ;
Attendant la pratique,
  Moi, ze me pique,
D'un progrès que z'applique
  A la mousique.

REPRISE D'ENSEMBLE.

Oui, mon tourne mousique.
  LES AUTRES PERSONNAGES.
Oui, son tourne musique,
  Tout magnétique,
Rend un service unique
  Et magnifique ;
Attendant la pratique,
  Presto se pique,
D'un progrès qu'il applique
  A la musique.

(Presto sort en valsant pendant la reprise, et entraîne Birmingham avec lui.)

SCÈNE III.

POTICHARD, MÈRE GIGOGNE, CASTOR.

POTICHARD, à Castor. Et vous ? quel est votre titre à notre admiration ?

CASTOR. Demandez à la rivière, elle vous mettra au courant...

POTICHARD. Vous avez inventé un bateau à vapeur... sans vapeur ?

CASTOR. Mieux que ça.

MÈRE GIGOGNE. Le moyen de passer dix-huit mois sous l'eau, sans respirer ?

CASTOR, Mieux encore...

POTICHARD. Vous avez donné un nouvel essor à la culture du goujon ?

CASTOR. Fi ! J'ai trouvé le moyen de marcher sur l'eau...

MÈRE GIGOGNE. Et votre invention n'est pas tombée dans...

CASTOR. Elle a surnagé... Demandez aux rives d'Asnières, qui, cet été, ont admiré mes expériences... J'ai traversé la Seine en tous sens...

POTICHARD. Vous étiez enrhumé...

CASTOR. J'ai marché sur l'eau, aux acclamations d'un public enthousiaste et payant...

SCÈNE IV.

LES MÊMES, LA SEINE.

(Jupe azur. Corset figurant des pierres de taille. Coiffures d'herbes aquatiques. Un aviron à la main.)

LA SEINE, qui est entrée depuis quelques instants. Oh ! oh ! oh !...

POTICHARD. Quel est ce murmure ?

LA SEINE. Celui de la Seine.

CASTOR. La Seine !... Elle va m'en faire une

LA SEINE.

Air : Louvetier (Henrion).

Francs canotiers, je suis la Seine,
Tracez dans mes flots vos sillons,
Lorsqu'à Bercy je vous promène,
Déployez vos gais pavillons ;
Et vous, pêcheurs à la douzaine,
Amorcez mes gros barbillons.
 Allons !
 Gai ! gai ! sur la rivière,
 On chante, on fait l'amour...
 Vivat ! vivat !... chagrins arrière !...
  Coule heureux jour.

Je fais aussi le Carnaval,
Malgré le froid, malgré la brume ;
Sur mes bateaux je donne bal,
A la blanchisseuse en costume.
Place à la reine, il faut la voir...
Place à la reine du battoir !
  Voici le moment
  D'un pas délirant ;
   Tra la,
   Houp la,
   Dé ri dé ra !
Francs canotiers, etc.
  REPRISE D'ENSEMBLE.
  Gai ! gai ! sur la rivière.

POTICHARD. Je vous connaissais un joli filet d'eau, mais vous avez aussi un joli filet de voix... (A part.) Je cherche à la prendre dans mes filets...

LA SEINE. Câlin.

MÈRE GIGOGNE. Malgré tout, ma petite mère...

POTICHARD. Ce n'est pas une mer, puisque c'est une rivière...

MÈRE GIGOGNE. Vous avez tort de sortir comme ça de votre lit...

LA SEINE, montrant Castor. Pour rabaisser le caquet de ce soi-disant inventeur d'une prétendue manière de marcher sur l'eau.

POTICHARD. La mère Gigogne a raison ; on croira que vous êtes allée courir la prétentaine.

MÈRE GIGOGNE. Donnez-moi votre bras...

POTICHARD. Moi, l'autre.

MÈRE GIGOGNE. Et retournons chez vous.

POTICHARD, à lui-même. Dire que je passe un bras de la Seine... sous mon bras. Elle est grasse, elle est potelée... on ne voit pas les os de la Seine.

LA SEINE, se dégageant. Ne vous inquiétez pas, la ville de Paris me permet de vagabonder à ma guise ; je fais tous les jours ma promenade au bois de Boulogne...

POTICHARD, à lui-même. J'irais bien promener seul à seul avec elle... elle est charmante, un regard d'une limpidité... C'est égal, je ne voudrais pas placer mes fonds sur les brouillards de la Seine.

LA SEINE. C'est en me rendant au bois, en compagnie de madame Pompe à feu de Chaillot, que j'ai entendu ce mal appris se vanter d'avoir marché sur l'eau, et je veux lui laver la tête.

CASTOR. Oui, j'y ai marché ; et je parie y marcher encore...

LA SEINE, POTICHARD, MÈRE GIGOGNE. Ah ! voyons ça...

CASTOR. C'est bien simple... (Musique. Il tire un large morceau de carton sur lequel est dessinée la lettre O, le montre aux personnages, le pose par terre et marche sur l'O.) Vous voyez bien que je marche sur l'O.

LA SEINE, POTICHARD, se récriant. Ah ! ah !...

MÈRE GIGOGNE. Vous méritez un encouragement... (Elle lui donne un sac à tabac.)

CASTOR. Une blague !...

LA SEINE. Et traverser la Seine ?

CASTOR. Sapristi !

POTICHARD. Comment va-t-il se tirer de là ?

MÈRE GIGOGNE. Oui...

CASTOR. Voilà. (Il traverse plusieurs fois la scène de long en large.) Je traverse la scène... ça n'est pas plus malin que ça...

LA SEINE. Il se moque de nous...

POTICHARD. A mon nez...

MÈRE GIGOGNE. A ma barbe !...

ENSEMBLE.

Air : Sortez, à l'instant sortez.

LA SEINE, POTICHARD, MÈRE GIGOGNE.

Sans tarder éloignez-vous,
Car c'est se moquer de nous ;
A l'instant filez doux,
Ou craignez notre courroux ;
Sortez ! après un tel tour,
Nous vous chassons sans retour ;
 Votre essai de ce jour,
 Peut bien passer pour
 Un four.

CASTOR.

Sans tarder éloignons-nous,
Car ce sont des pauvres fous ;
A l'instant filons doux,
Pour éviter leur courroux ;
Sortons, mais j'aurai mon tour,
Et je veux, au prochain jour,
 Voir fêter sans détour,
 Ce qu'ils prennent pour
 Un four.

   (Il sort.)

SCÈNE V.

POTICHARD, MÈRE GIGOGNE, LA SEINE.

LA SEINE. Le drôle ! l'imposteur !

POTICHARD. Ne vous échauffez pas, vous voilà toute en eau...

MÈRE GIGOGNE. Vous avez tout chiffonné votre ravissant costume...

POTICHARD. Ravissant, oui ; mais trop simple. La Seine devrait avoir une rivière... de diamants.

LA SEINE. Mes diamants, ce sont les monuments impérissables qui se mirent dans mes flots... Le seul reproche que j'adresse à la ville, c'est de m'avoir donné un corset trop étroit...

POTICHARD. Je ne saisis pas. Veuillez clarifier votre langage.

MÈRE GIGOGNE. Les quais.

LA SEINE. Précisément; il y a des instants où je suis trop serrée ; je manque d'espace, je manque d'air, j'étouffe...

POTICHARD. Votre corset vous lasse...

MÈRE GIGOGNE. Oui, mais, une fois dans la campagne, plus de corset... Vous vous promenez dans les champs, à la bonne franquette ; vous batifolez sur l'herbe, vous escaladez les berges... On connaît vos débordements, friponne !

LA SEINE. Je ne suis guère en train de faire des escapades; on m'a démoli trois de mes plus beaux ponts : ceux d'Austerlitz, d'Arcole et des Invalides; mais pour les reconstruire... et bientôt...

AIR : En vérité je vous le dis. (*Bérat.*)

Je r'verrai le pont d'Austerlitz,
Le pont où l'infant'ri' légère,
Escortant sa particulière,
S' dandine à l'instar d'Adonis ;
Dans ses manœuvres subjugantes,
Le fils de Mars et de Cypris,
Pour aller au Jardin-des-Plantes,
Ne connaît que l' pont d'Austerlitz.

MÈRE GIGOGNE. Et d'un...

LA SEINE.

AIR : La bonne aventure.

Où vont flâner le titi ?
Le gamin d' l'école ?
Ou d' la gloire un apprenti,
Gagne-t-il l'auréole ?
Où l' tricolor' des Cent Jours,
R'parût-il ?... et pour toujours !...
Sur le pont d'Arcole
O gué !
Sur le pont d'Arcole !

POTICHARD. Et de deux...

LA SEINE.

AIR : Des trois couleurs.

Je reverrai le pont des Invalides.

MÈRE GIGOGNE. (Parlé.) Et de trois...

LA SEINE.

Et cet asile, éclatant de drapeaux,
Où dort en paix l'homme des Pyramides,
Où le soldat trouve un noble repos ;
Un jour viendra peut-être où la patrie,
Sur des blessés n'aura plus à gémir :
Dans les palais ouverts à l'Industrie,
Nous livrerons (*bis*) les combats à venir.

REPRISE ENSEMBLE.

Dans les palais, etc.

LA SEINE. En attendant, et aussitôt qu'on m'aura reconstruit mes trois ponts, je chanterai :

AIR : Sur le pont d'Avignon.

Sur mes ponts, pour le coup,
On repasse,
Passe, passe,

Sur mes ponts, pour le coup,
On pass' sans payer un sou.

REPRISE.

Sur mes ponts, etc.

(La Seine sort.)

SCÈNE VI.

POTICHARD, MÈRE GIGOGNE, BOUSTIFAILLE.

BOUSTIFAILLE, sortant de la maison du fond et courant après la Seine. Eh ! là-bas ! là-bas !... avez-vous du poisson de Seine ? des carpes ? des anguilles ?... Elle ne m'entend pas.

POTICHARD, saluant. Il paraît que Monsieur traite...

BOUSTIFAILLE. Vous l'avez dit : je suis Gargantua Boustifaille, le fondateur du Dîner de l'Exposition... le gérant...

LA MÈRE GIGOGNE. Le géant ?

BOUSTIFAILLE. Non, je prends l'r; le gérant de la Société générale, universelle et cosmopolite de Gastronomie... le premier officier...

POTICHARD. Monsieur est officier ?...

BOUSTIFAILLE. Le premier officier... de bouche de la capitale. (Très vite.) Combiner la variété des mets avec la fixité du prix; concilier l'économie relative avec la qualité absolue ; relier entre eux les divers restaurants à prix fixes, mais à prix gradués, qui devront être successivement ouverts, pour se prêter un mutuel appui et vaincre ainsi les difficultés d'approvisionnement : tel est le problème à résoudre; je l'ai résolu !...

POTICHARD. Quelle tartine !

MÈRE GIGOGNE. Il faut de l'argent pour cela...

BOUSTIFAILLE. De l'argent ! j'en ai à remuer à la pelle... à l'appel que je fais aux actionnaires; mes actionnaires sont tous les gens qui tiennent à bien vivre. Tout dîneur peut être actionnaire, tout actionnaire est dîneur; plus on prend d'actions dans mon entreprise, mieux on dîne. Voulez-vous des spécimens ? des échantillons? En voilà précisément qui arrivent...

SCÈNE VII.

LES MÊMES, TROIS ACTIONNAIRES entrant successivement, puis UN CUISINIER.

BOUSTIFAILLE (désignant un homme énorme qui se dirige vers le restaurant). M. Bouffelaballe, propriétaire de 400 actions, soit 10,000 francs de capital...

AIR : Contentons-nous.

Hein ? vous voyez quelle bonne réclame!
Quel gros plein d'soupe! à le voir on jur'ait,
Que l'éléphant ou bien l'hippopotame,
Dans mes dîners a pris un intérêt ;
Son abdomen est rempli d'éloquence,
Jamais au jeûne il ne s'est dégradé.

POTICHARD.

Ce gaillard-là doit d'meurer ru' Rich'panse.

MÈRE GIGOGNE.   *Bis.*

En attendant qu'il d'meur' ru' d'l'Échaudé.

BOUSTIFAILLE (désignant un personnage moins gros qui succède au premier, après sa sortie.) M. de Miboulo, porteur de 10 actions, soit 250 fr... (Même jeu pour un troisième actionnaire, long, sec et maigre, qui entre au restaurant après les deux premiers.) M. Léchalas, porteur d'une seule et unique pauvre petite action de 25 francs.

MÈRE GIGOGNE. Il n'y a pas gras... au moins le second était entrelardé.

BOUSTIFAILLE. Envisagez quel sort différent attend ces trois hommes : le dernier mourra à peu près de faim; le second n'aura qu'une simple gastrite. (Se découvrant.) Le premier finira noblement sa carrière par une vaste indigestion... avec la cuisine pour champ de bataille, la cave pour caveau, la fourchette à la main, la serviette à la boutonnière.

LA MÈRE GIGONE. Honneur au courage malheureux !

BOUSTIFAILLE (tirant des papiers de sa poche). Et maintenant, voulez-vous des coupures? 350 pour cent de bénéfices, des primes...

POTICHARD. Des frimes...

BOUSTIFAILLE. Des dividendes anticipés...

MÈRE GIGOGNE. Antichipés...

BOUSTIFAILLE. Mes actions se font valoir d'elles-même : demandez, faites-vous servir...

AIR : Permission de 10 heures.

Chaud !
Vite et tôt !
Il me faut
Subito
Un beau
Total ;
Un capital
Colossal
Et pyramidal.
J'fais un appel
Solennel,
Et soudain
L'argent en main,
Poussent sur mon chemin.
De gros Crésus
D'argent cousus,
Prêts à verser,
Sans balancer,
Sans grimacer.
La caisse est ouverte!
Et zing! et boum! prenez vos rangs ;
Car jamais de perte,
Nos concurrents
S'ront seuls dedans;
Nos coupons
Sont bons,
Sur vos demandes
Sans procès
Nos dividendes,
Désormais,
S'ront, sans regrets,
Prêts.

(Il offre des actions à Potichard et à la mère Gigogne.)

POTICHARD. Je tiens d'abord à savoir comment on mange dans votre bazar...

BOUSTIFAILLE. À votre aise, respectable homme.

POTICHARD. Il parle latin...

MÈRE GIGOGNE. C'est du latin de cuisine.

BOUSTIFAILLE. Vous allez prendre place au banquet de l'exposition. Voulez-vous une table d'un couvert, de deux, de dix, de vingt, de trois cents, de mille, de quinze cents couverts ?...

POTICHARD. Quinze cents couverts... ce serait peut-être beaucoup pour la mère Gigogne et pour moi... faites-en mettre deux seulement...

BOUSTIFAILLE. Désirez-vous des chaises d'été ? ou des chaises d'hiver ?...

MÈRE GIGOGNE. Vous avez deux sortes de chaises ?

BOUSTIFAILLE (allant recevoir deux chaises que lui apporte un cuisinier.) Voici les modèles : chaise d'été... chaise rafraîchissante, cannée à jour, avec ventilateurs dans les bâtons.

MÈRE GIGOGNE. Quel progrès !

BOUSTIFAILLE (présentant une autre chaise). Chaise d'hiver, foncée en édredon du Nord, recouverte en poil de lapin, avec chaufferette sous les pieds, et calorifère dans le dos...

POTICHARD. C'est ma foi, vrai... (Il s'asseoit.) Aïe !... (Il se relève en sursaut.)

MÈRE GIGOGNE. Quoi donc ?

POTICHARD. Ça brûle...

BOUSTIFAILLE. C'est une bouche de chaleur...

MÈRE GIGOGNE Admirable !...

BOUSTIFAILLE. Plus beau que ça... (On remporte les chaises.) Le diner de l'exposition est un printemps perpétuel... des fleurs, des arbustes, des grenadiers...

MÈRE GIGOGNE. En faction ?

BOUSTIFAILLE. Non... des grenadiers, des myrthes, des orangers, des poissons nageant dans des bassins de marbre...

POTICHARD. En attendant qu'ils nagent dans la friture...

BOUSTIFAILLE. Des oiseaux voltigeant en liberté... des rossignols...

MÈRE GIGOGNE. A glands ?

BOUSTIFAILLE. Non, des fauvettes, des pinsons...

POTICHARD. Des serins?..

MÈRE GIGOGNE. Ça ferait double emploi avec les actionnaires...

BOUSTIFAILLE. Nous avons aussi des statues...

POTICHARD. Les statuts de la société...

BOUSTIFAILLE. Non ; les statues des gros hommes qui ont illustré la cuisine et la gastronomie : Vatel, Carême, Brillat-Savarin, Berchoux, Chateaubriand, l'immortel créateur du beefsteack qui porte son nom, véronus doctor, et *tutti quanti.*

POTICHARD. Et quand l'ouverture?

BOUSTIFAILLE. A l'instant même... Attention, l'orchestre.

MÈRE GIGOGNE. Il vous faut des musiciens pour votre ouverture.

BOUSTIFAILLE. Sans doute... une symphonie en rapport avec tous les mets offerts aux consommateurs, remplace l'usage absurde de la carte, qu'on consulte pendant une heure sans se décider. Tandis qu'une mélodie simple et en situation vous fait comprendre ce que vous allez manger, et vous fait ouvrir les oreilles avant d'ouvrir la bouche. Exemple : (Donnant le signal de la mesure.) Une ! deux ! trois !... (L'orchestre joue l'air : *Aussitôt que la lumière...*)

POTICHARD. C'est l'air : *Aussitôt que la lumière...*

BOUSTIFAILLE. Manière adroite de dire aux dîneurs qu'on va allumer le gaz. Maintenaut... (L'orchestre joue l'air de : *La soupe aux choux*.)

POTICHARD, chantant.

La soupe aux choux

Se fait dans la marmite...

MÈRE GIGOGNE.

Dans la marmite

Se fait la soupe aux choux.

POTICHARD. C'est pour annoncer le potage...

BOUSTIFAILLE. Précisément. Ensuite... (L'orchestre joue l'air *des Bœufs*).

POTICHARD, chan'ant.

J'ai deux grands bœufs dans mon étable...

BOUSTIFAILLE. Autre mode de dire qu'on va servir le bœuf...

MÈRE GIGOGNE. C'est très ingénieux...

BOUSTIFAILLE. Et puis... (l'orchestre joue l'air : *A boire*) l'instant de tendre son verre... A présent, pour le gibier. (L'orchestre joue l'air : *Ton, ton, ton taine, ton ton.*) Bref ! pour couper court, j'arrive au dessert... Je fais exécuter à la fois *la Petite laitière*, pour le fromage à la crème; l'air *des Fraises*, et celui *des Cosaques*, pour la charlotte russe... Allez, l'orchestre !... (L'orchestre joue les trois airs à la fois).

POTICHARD. Assez !... assez !...

MÈRE GIGOGNE. Quelle cacophonie !...

POTICHARD. Grâce ! grâce !...

BOUSTIFAILLE. Et, après le café, le pousse café, le bain de pied, la rincette, la sur-rincette, je fais exécuter à grand orchestre... (L'orchestre joue l'air de : *Allez-vous en gens de la noce.*)

POTICHARD. Ouf ! il était temps que ça finisse ; mais, pour arriver à satisfaire à la fois un grand nombre de consommateurs, il y aura encombrement dans le service...

BOUSTIFAILLE Du tout. Au fond de la salle est un immense tour, où le chef de cuisine place tous les plats... Une ! (Tournant sur lui-même.) C'est placé... (Retournant.) Deux ! c'est servi...

POTICHARD. Je demande à voir ça...

BOUSTIFAILLE. En ce cas, prenez des actions.

MÈRE GIGOGNE. Pourquoi ?

BOUSTIFAILLE. Nous ne faisons voir le tour qu'aux actionnaires. Vite ! vite ! voilà la foule qui accourt... Entrez ! entrez ! prrrrrenez vos billets !... *Cinque* francs par tête, y compris les curedents... Entrrrrrez !...

SCÈNE VIII.

LES MÊMES, DINEURS.

CHŒUR DES DINEURS.

AIR : L'or est une chimère.

Vite ! Allons nous mettre à table,
C'est l'instant,
Le vrai moment;
Pour prendre un r'pas délectable,
Entrons instantanément.

MÈRE GIGOGNE.

Diable ! à voir comme on entre
Au dîner d'Exposition,
A se serrer le ventre.
On est exposé... dira-t'on.

POTICHARD.

Grosse caisse et cymbales,
D' la réclame c'est le moment...

BOUSTIFAILLE.

Apprêtez vos cinq balles,
Ici l'on ne pai'... qu'en entrant.

REPRISE DU CHŒUR.

Vite, allons nous mettre à table, etc.

(Les dîneurs se précipitent et se bousculent pour entrer au restaurant. Boustifaille invite Potichard et la mère Gigogne à les suivre.)

FIN DU DEUXIÈME TABLEAU.

TROISIÈME TABLEAU.

—

Les Niams-Niams. — La Nonne cinglante. — La Conscience.

—

LE BOULEVART.

—

SCÈNE PREMIÈRE.

UN CRIEUR, POTICHARD, LA MÈRE GIGOGNE.

LE CRIEUR. Voilà ce qui vient de paraître tout à l'heure ; c'est la grande découverte, faite dans le nord de l'Afrique, de la peuplade des niams-niams, ou hommes à queue.

POTICHARD. Les Niams-Niams ?...

LE CRIEUR. Des naturels surnaturels inventés par le célèbre voyageur archi-blagueur-solide.

POTICHARD. Atchi ?

LE CRIEUR. C'est un nom arabe.

POTICHARD. Et les naturalistes se sont-ils rendus à l'évidence de cette découverte aussi inutile qu'intéressante ?

LE CRIEUR. Je t'en fiche.

POTICHARD. Alors les Niams-Niams sont à l'état de mythe ?

LE CRIEUR. Le journal le *Mousquetaire* affirme qu'ils existent; il vaut mieux croire le *Mousquetaire*...

POTICHARD. Que d'y aller voir.

LE CRIEUR, s'éloignant. Voilà ce qui vient de paraître tout à l'heure...

SCÈNE II.

POTICHARD, MÈRE GIGOGNE.

POTICHARD. On ne fait pas la queue pour acheter ce canard-là...

MÈRE GIGOGNE. Comment ! monsieur Potichard, vous niez l'existence des hommes à appendice caudal ?

POTICHARD. Appendice cau... quoi ?

MÈRE GIGOGNE. C'est le mot savant pour désigner les hommes à queue.

POTICHARD. Ces particuliers-là sont des singes... ou des diables. Tirer le diable par la...

MÈRE GIGOGNE. Les hommes à queue ne sont ni une fable du voyageur...

POTICHARD. Atchi... et cœtera...

MÈRE GIGOGNE. Ni une invention du *Mousquetaire*; ils ont existé, ils existent... Vous les avez coudoyés dans la vie, vous les y rencontrez encore...

AIR : J'suis né paillasse.

Ce noble qui, dans son donjon,
Ne saurait se résoudre,
A quitter l'aile de pigeon,
La douillette et la poudre;
Et, faisant le beau,
Porte encor jabot,
Culotte en p'luche bleue ;
Et, sous son chapeau,
La queue à marteau...
N'est-ce pas l'homme à queue ?
Et le pilier d'estaminet,
Ce vrai coq de la poule,
Ce caramboleur que connaît
Et qu'entoure la foule ;
Il a triomphé,
Dans chaque café
D' Paris et d' la banlieue,
Et son étendard
Est un' queu' d' billard...
N'est-ce pas l'homme à queue ?

Sans compter l'avocat, qui balaie les marches du palais avec le bas de sa robe : homme à queue. Le gérant, qui tient la queue de la poêle : homme à queue. Le monsieur, qui fait le métier de découvrir des comètes : homme à queue. Et ce bon père de famille, qui, le dimanche, va promener sa marmaille et porte gravement derrière son dos un immense cerf-volant, dont la queue traîne par terre... (Reprenant son refrain.)

N'est-ce pas l'homme à queue ?

POTICHARD. Il pourrait bien alors y avoir quelque chose de vrai dans les Niams-Niams.

MÈRE GIGOGNE. Outre les hommes, nous avons encore les théâtres à queue !

POTICHARD. Les théâtres où le public fait la queue, mais où l'on ne fait pas la queue au public. Les succès de l'année sont aussi les enfants de la mère Gigogne; je ne serais pas fâché de faire connaissance avec eux.

MÈRE GIGOGNE. C'est facile... (Elle va au fond.)

POTICHARD, sur le devant du théâtre. J'ai vendu ma contremarque du dîner de l'Exposition ; j'ai ma soirée à moi. Je ne tenais pas à manger de leur dessert en musique. Je suis parti aux haricots.

MÈRE GIGOGNE. L'Opéra... (Trémolo à l'orchestre.)

SCÈNE III.

LES MÊMES, LA NONNE.

POTICHARD. Brrrr !... Quelle musique lugubre !... j'en ai froid dans le dos...

MÈRE GIGOGNE. N'ayez pas peur. La *Nonne sanglante*. (La Nonne entre et s'avance d'une manière tragique.)

POTICHARD. Est-ce qu'on lui a mis les sangsues ?

LA NONNE.
(Récitatif funèbre.)

Je suis... je suis la nonne... A minuit, de ma fosse,
Un lampe à la main et dans l'autre un couteau,
Je sors toute sanglante !...
(Gaîment.)
Assez de trémolo,
Je ne suis qu'une nonne fausse !

AIR : Pas de Nonnes (*Robert*).

Tra, dé, ri, dé, ra,
J'aim' mieux l' tra la la,
Mon rôle
En s'ra
Plus drôle ;
Tra, dé, ri. Vraiment,
Assez pour l'instant,
De mes airs d'enterr'ment,
Vlan !

AIR : Du tra la la.

Tant d'sang sur mon suaire,
Tant de sang, je le sens,
Tant d' sang ça ne peut pas plaire,
Ca n'a pas le bon sens ;
Ce sang-ci sur ma robe,
Ce sang si saisissant,
Fait qu'hélas ! je la gobe,
Et m' tourn' vain'ment
Le sang,
Sur l'air du tra la la la, etc.

POTICHARD. Je vous trouve guillerette. Nonobstant, tout ça ne me dit pas...

LA NONNE. L'historique de la pièce; en deux mots, le voici : Je me nomme Agnès... pas de Méranie...

POTICHARD. Ah ! tant mieux !...

LA NONNE. Je suis aimée de Dodophe, que j'idolâtre. Mais je vais épouser son frère. Ah ! c'te balle ! Alors, pour me soustraire à son rival, Dodophe me dit : Tu es une vraie Agnès, je ne peux pas faire de toi une fausse Agnès... Déguise-toi en fausse nonne. Tout le monde a le taf du fantôme de la *Nonne sanglante*... On n'ira pas voir si tu es la fausse nonne ou la vraie nonne. Et, en attendant, malgré le qu'en... dira-t-on, nous ficherons le nôtre... de camp. Là-dessus, il me chante : Il faut fuir tous deux, l'amour qui m'inspire, saura nous conduire; consens ou j'expire d'amour à tes yeux. A quoi je réponds : Eh ! quoi ! fuir tous deux ! L'amour qui l'inspire saura le conduire... sinon il expire d'amour à mes yeux. Et nous reprenons ensemble trois fois le même motif... sans motif... Je veux bien qu'il soupire, mais je ne veux pas qu'il expire ; aussi, moi, de lui dire, sans rire du délire que j'inspire : Je me laisse conduire, il faut fuir et partir pour ne plus revenir... Et nous nous donnons rendez-vous à minuit un quart. Mais, à minuit précis, voilà la vraie nonne qui arrive quatre à quatre. Dodophe, dont la montre avance et qui croque déjà le marmot, croit que c'est moi... Quoi ! il est plein de joie, et donne sa foi comme une oie...

LA MÈRE GIGOGNE. Il se trompait de nonne ?

LA NONNE. Alors...

POTICHARD, qui s'est endormi peu à peu.

AIR : **Hirondelles.** (*F. David.*)

Musique,
Dramatique,
Malgré tous mes efforts,
Musique
Sympathique,
Héroïque
Et lyrique.
Je m'endors. (*Trois fois.*)
(Il ronfle.)

LA NONNE. Eh bien !... il ronfle...

MÈRE GIGOGNE. C'est un accompagnement d'ophicléide.

LA NONNE. Eh ! là-bas ! vieille toupie d'Allemagne !

POTICHARD, se réveillant. Dam ! votre poëme est si intéressant ! Votre *Nonne semblante*...

LA NONNE. Sanglante.

POTICHARD. Semblante... puisque c'est un semblant de nonne. Chantez-nous quelque chose... j'aime mieux ça...

LA NONNE. Soit ! une romance... et pas d'accompagnement, s'il vous plaît...

AIR : **O ma douce amie !** (*Pré aux Clercs.*)

O toi que j'adore,
Quoi ! reçois ma foi ;
Du soir à l'aurore,
Crois-moi, j' rêve à toi.
Toi ! moi ! quel beau songe !
Moi ! toi ?... quel beau jour !...

POTICHARD, l'interrompant. Mais c'est un air du Pré aux Clercs...

LA NONNE. Du tout, c'est de la Nonne sanglante.

POTICHARD. Mais non...

LA NONNE. Mais si...

POTICHARD. Quand je vous dis...

LA NONNE. Je sais bien...

POTICHARD. C'est : ô ma douce amie !

LA NONNE. C'est : ô toi que j'adore !

POTICHARD. Allons donc, vous êtes une...

LA NONNE. Et vous, un... ah ! vieil entêté !... attends !... attends !... (Elle détache la cordelière de sa robe et cingle les jambes de Potichard.)

POTICHARD, sautant. Aïe ! aïe !... finissez donc... mais c'est la nonne cinglante !...

LA NONNE. Et maintenant, puisque vous n'entendez rien à la belle musique... bonsoir ! (Elle sort en reprenant l'air de : Tra dé ridé ra, j'aim' mieux l' tra la la.)

MÈRE GIGOGNE. Vous vous brouillez avec l'Opéra.

POTICHARD. Ça m'est égal; d'ailleurs je préfère l'Opéra-Comique.

MÈRE GIGOGNE. Le voici.

SCÈNE IV.

POTICHARD, MÈRE GIGOGNE, OPÉRA-COMIQUE, OPÉRA-LYRIQUE. (Ces deux personnages se tiennent par la main.)

AIR : Duo de l'Alcade (Henrion).

L'OPÉRA-COMIQUE.
Moi, je suis l'Opéra-Comique,
L'ancien Favart, l'ancien Feydeau.

L'OPÉRA-LYRIQUE.
Je suis le Théâtre-Lyrique,
Boulevart, près du Château-d'Eau,
Dans l'ex-palais d'la rein' Margot.

ENSEMBLE.

Écoutez

L'OPÉRA-COMIQUE.
Nos refrains si goûtés
De tous côtés
Chantés...

(Parlé.)

L'OPÉRA-COMIQUE. Les Trovatelles.

L'OPÉRA-LYRIQUE. Le Bijou perdu.

L'OPÉRA-COMIQUE. Le Re-Pré aux Clercs.

L'OPÉRA-LYRIQUE. La Rencontre dans le Danube.

L'OPÉRA-COMIQUE. Les Sabots de la marquise.

L'OPÉRA-LYRIQUE. Le Billet de Marguerite.

ENSEMBLE.

Chacun, ne vous déplaise,   *Bis.*
De nous chante un refrain;
La musique française   *Bis.*
Du cœur fait le chemin.

L'OPÉRA-COMIQUE.
Le chemin...

L'OPÉRA-LYRIQUE.
Le chemin...
ENSEMBLE.
Un gai refrain
Rempli d'entrain,
Un doux refrain,
C'est le chemin,
Oui, le chemin !

POTICHARD. Joli ! joli !... mais je me demande pourquoi l'Opéra-Comique et le Théâtre-Lyrique se tiennent ainsi par la main... (Pendant ce qui suit, jusqu'au couplet, Potichard sépare toujours les deux personnages qui se reprennent toujours par la main.)

L'OPÉRA-COMIQUE. Nous ne pouvons plus nous quitter.

L'OPÉRA-LYRIQUE. Nous ne nous quittons plus.

L'OPÉRA-COMIQUE. Les deux n'en font qu'un.

L'OPÉRA-LYRIQUE. Les jumeaux siamois du monde dramatique.

MÈRE GIGOGNE. Quel trait d'union !

POTICHARD. Vous étiez rivaux...

OPÉRA-COMIQUE. Nous sommes frères.

OPÉRA-LYRIQUE, à Opéra-Comique. Nous avons le même père, hein ?

OPÉRA-COMIQUE. Plus de jalousie.

OPÉRA-LYRIQUE. Ce qui nous permet d'avoir chacun notre succès.

POTICHARD. En fait de succès, j'aurais bien voulu connaître l'Etoile du Nord... Mais pas moyen... c'est de l'année dernière.

OPÉRA-COMIQUE. C'est encore de cette année...

OPÉRA-LYRIQUE. Ce sera de l'année prochaine.

MÈRE GIGOGNE. Ce sera de toujours.

POTICHARD. En ce cas...

OPÉRA-COMIQUE. A vos désirs...

POTICHARD. Mais quittez-vous un peu pour chanter... (Les deux théâtres se séparent.)

OPÉRA-COMIQUE.

AIR : Sur les motifs de Pétra-Camara (Henrion).

La pièce exacte :
Au premier acte,
C'est un village en Finlande, où l'on voit
La bell' Cath'rine,
Une fill' maline,
Qui sait l'av'nir sur le bout de son doigt.
Près de la mer s'élève une cahutte,
C'est là qu'ell' vit dans un log'ment malsain,
Avec un frère assez fort sur la flûte,
Dieu sait c'qu'il gagne avec sa flût' de pain !
Vient un élève,
A qui sans trève,
Il donn' des l'çons du susdit instrument ;
C'est un bon drille
Aimant la fille,
Et charpentier... du moins pour le moment.
Puis, tout-à-coup ! surgissent les Tartares
Venant piller le village... et voilà
Que Catherine, à ces affreux barbares,
Chante un grand air qui les fait rester d'là.
Puis à la guerre,
En militaire,
Il faut qu'hélas ! le frèr' parte aussitôt ;
Mais il s'marie,
A la mairie,

Sa sœur prend pour lui mousquet et schako.
Au second acte, on est en Silésie,
Son charpentier n'est autre que le czar
Qu'elle aperçoit... fureur et jalousie !
A la cantine amoureux et pochard.
Perdant la tête,
Elle soufflette
Son caporal... On l'empoigne d'aplomb ;
La discipline
Condamn' Cath'rine,
Et dans la tête on va lui mettr' du plomb.
Au troisième acte, elle n'est pas mort', mais folle.
Le czar, qui l'aime et ne peut l'oublier,
A la raison veut rendre son idole,
Et r'prend soudain sa vest' de charpentier.
D'la pauvre fille,
Le regard brille,
Et sa raison brille avec son regard...
O jour de fête !
A r'trouv' sa tête,
Pour recevoir la couronne du czar.
C'est magnifique, et personne ne raille ;
Mais c'que l'public applaudit le plus fort,
C'est qu'on y voit tout' la troupe en... Bataille,
C'est l'vrai succès de l'Etoile du Nord.
La pièce exacte,
Acte par acte,
Oui, la voilà, je vous la dis ce soir ;
En cas de doute,
Coûte que coûte,
Pour vous convaincre allez-vous-en la voir.

REPRISE EN CŒUR.

La pièce exacte, etc.

POTICHARD. Bravo ! bravo !... Et la musique es de M. Meilleure-Bière ?...

OPÉRA-COMIQUE. Comment prononcez-vous ?

MÈRE GIGOGNE. Meilleur-Beurre.

POTICHARD. Non, c'est Meilleure-Bière, un Allemand.

MÈRE GIGOGNE. Du tout, c'est Meilleur-Beurre, un Français.

POTICHARD.

AIR : Simple soldat.
C'est un All'mand...

MÈRE GIGOGNE.

Taisez-vous, entêté !
C'est un Français, oui, je vous le répète

POTICHARD.

Dans ce pays, quels sont ses droits d'cité ?

OPÉRA-LYRIQUE.

Les Huguenots, Robert et le Prophète !...

POTICHARD.

C'est égal, moi, je soutiens bel et bon,
Qu'c'est un All'mand ; le fait est bien notoire.

OPÉRA COMIQUE.

C'est un All'mand, soit ! mais comprenez-donc
Que s'il est All'mand par le nom,
C'est un vrai Français par la gloire. Bis.

MÈRE GIGOGNE. Peu importe le pays. Qu'il soit d'Isigny ou de Bretagne, il n'y a pas deux meilleurs beurres dans le monde.

POTICHARD. Et vous, mon joli petit cœur

d'Opéra-Lyrique, voulez-vous nous roucouler aussi quelque chose?

OPÉRA-LYRIQUE. Volontiers.

POTICHARD, d'un ton de perroquet. Et de quoi?

OPÉRA-LYRIQUE. Un air du *Billet de Marguerite*.

MÈRE GIGOGNE. Un billet dont le public fait les fonds.

(L'Opéra-Lyrique chante un air du *Billet de Marguerite*. Après quoi l'on entend au dehors le bruit d'une violente dispute. L'Opéra-Comique et l'Opéra-Lyrique se sauvent en se tenant par la main.)

SCÈNE V.

POTICHARD, MÈRE GIGOGNE, PUIS ÉDOUARD ET CRÉ-CHIEN.

POTICHARD. Qu'est-ce que c'est que ça?..

MÈRE GIGOGNE. Une querelle.

ÉDOUARD, entrant suivi de Cré-Chien. Allez vous faire fiche, Cré-Chien?

CRÉ-CHIEN. Notre maître?

ÉDOUARD. Qu'est-ce que c'est que toute cette canaille-là?

CRÉ-CHIEN. Ce sont vos créanciers, vos fournisseurs...

ÉDOUARD. Les lâches!..

CRÉ-CHIEN. Ils sont tous porteurs de papiers timbrés, et veulent vous faire flanquer en prison... (Il lui remet des papiers.)

ÉDOUARD. Me faire arrêter!... tiens! regarde!... (Il déchire les papiers, et marche sur les morceaux.) Je foule la contrainte par corps... aux pieds.

CRÉ-CHIEN, à part. Il est comme le papier... timbré.

ÉDOUARD. Comment ces misérables ont-ils pu me suivre jusqu'ici? N'ai-je donc plus de larbins pour les dépister?... Où est l'intendant? le garçon de caisse? le cocher? le cuisinier? le valet de chambre? le portier? Une demi-douzaine d'esclaves, sans te compter, Cré-Chien, et pas un pour casser les reins à mes juifs de créanciers.

CRÉ-CHIEN. Hélas! notre maître, excepté moi, vous n'avez plus de domestiques...

ÉDOUARD. Comment!...

CRÉ-CHIEN. Votre papa leur a donné leur compte, ils vont décamper.

ÉDOUARD, avec amertume. Et pas même les huit jours!...

CRÉ-CHIEN. Ils sont en train de faire leur malle, tous les six... (Comptant sur ses doigts.) Le cocher, un; le cuisinier, deux...

ÉDOUARD. Que fais-tu?

CRÉ-CHIEN. Je fais le calcul des six malles.

POTICHARD, à Édouard. Excusez-moi, Monsieur, si je vous dérange...

ÉDOUARD. Vous voulez me prêter de l'argent... quel intérêt?

POTICHARD. Vous m'en inspirez. Je désire savoir qui vous êtes; car je ne comprends rien à votre sortie, ou plutôt à votre entrée....

ÉDOUARD. Je suis Édouard Rhuberg, le principal personnage de *la Conscience...*

POTICHARD, lui serrant la main. Enchanté de faire votre connaissance...

ÉDOUARD, même jeu. Moi, pareillement. J'ai passé la nuit au lansquenet, j'ai tout perdu...

MÈRE GIGOGNE.

Quand on a tout perdu, et qu'on a plus d'espoir.

ÉDOUARD. Je connais la suite; mais, grâce au....

POTICHARD, étonné. Grassot?...

ÉDOUARD, continuant. Grâce au ciel! j'ai encore un mouchoir. (Il tire un mouchoir de sa poche.) Je le remplis de larmes pendant cinq actes et six tableaux, sans compter les entr'actes. (Il tord son mouchoir, qui est plein d'eau.)

POTICHARD. Alors nous avons le temps de nous asseoir. Mais pardon, cinq actes et six tableaux... en voilà pour jusqu'à après-demain matin; ne pourriez-vous pas abréger un tantinet?

ÉDOUARD. Je vais réduire pour vous la *Conscience* en deux parties.

MÈRE GIGOGNE. C'est ça, arrangez-nous la pièce en conscience.

(Potichard et la mère Gigogne s'assoient sur un banc à droite.)

ÉDOUARD. Plus d'argent!.. plus de crédit!.. crédit est mort!... pas moyen de parvenir! pas moyen de tenter une dernière fois la chance du banco! impossible d'acheter des colifichets pour mademoiselle de Kœnigstein...

MÈRE GIGOGNE, à Potichard. C'est sa connaissance.

ÉDOUARD. Et rien à mettre chez ma tante!... (Il prend le chapeau de Potichard et l'examine.)

POTICHARD, se levant. Dites donc.... eh!.... respectez mon couvre-chef...

ÉDOUARD, jetant le chapeau. On ne prêterait pas là-dessus.

POTICHARD, allant le ramasser. Bien obligé... (Il se rasseoit.)

ÉDOUARD. Que faire?... (Inspiré.) Ah!.. mon père est receveur des contributions... il a de l'argent en caisse... allons-y... (Il sort.)

SCÈNE VI.

POTICHARD, MÈRE GIGOGNE, CRÉ-CHIEN, puis ÉDOUARD.

POTICHARD. Eh! bien? il nous laisse là...

CRÉ-CHIEN. Ne le dérangez pas... il va forcer le tiroir de son papa, et lui chiper cinq mille balles.

POTICHARD. Mais il faut l'empêcher... je vais crier au voleur... (Il se lève.)

CRÉ-CHIEN, le faisant rasseoir. Taisez-vous donc; nous n'aurions plus de pièce, nous n'aurions plus de seconde partie.

ÉDOUARD, rentrant. Grand Dieu!

POTICHARD. Qu'est-ce?

ÉDOUARD. J'ai commis mon vol... mais à peine emportais-je les biblots, que le contrôleur des finances est venu. Il a constaté le déficit; mon père est déshonoré... malheur! malheur!.. et moi?... moi?... je n'ai plus qu'à me détruire..

POTICHARD, se levant. Allons, bon, il va.. tuer maintenant...

CRÉ-CHIEN, le faisant rasseoir. Silence à l'avant-scène.

ÉDOUARD. Je voulais mourir ! mais l'auteur de mes jours a retenu mon bras. «Malheureux ! » s'est-il écrié, si vous vous tuez, où sera le » repentir ? Si tu te tues, où sera l'expiation ? » Non ! il faut vivre, il faut lutter... il faut » partir. »

POTICHARD. Il était bien plus simple de remettre tout de suite l'argent volé dans la caisse... (Il se lève.)

CRÉ-CHIEN, le faisant rasseoir. Nous n'aurions plus de pièce, nous n'aurions plus de seconde partie.

ÉDOUARD. Là-dessus, je laisse croire que c'est mon père qui a fait le coup...

POTICHARD. Excellent fils !...

ÉDOUARD. Je prends mes cliques et mes claques... j'en reçois du public... des claques... et la toile tombe.

CRÉ-CHIEN. Mais la pièce ne fait pas comme la toile.

MÈRE GIGOGNE. Fin de la première partie. (Potichard se lève, Cré-Chien le fait rasseoir ; Potichard fait claquer ses doigts comme les enfants qui demandent à sortir ; Édouard frappe les trois coups.)

CRÉ-CHIEN, à Potichard. Tout à l'heure.

ÉDOUARD. Maintenant, je m'appelle Stévens, je suis secrétaire intime d'un ministre bavarois ; j'aime la comtesse Sophie, sa fille, une ravissante Bavaroise.

MÈRE GIGOGNE. J'en prendrais bien une... bavaroise.

ÉDOUARD. Je suis richissime, puissantissime ; et pourtant mes jours sont pleins d'angoisses, mes nuits sans sommeil ; ma tête repose sur l'oreiller du cauchemar. Un souvenir brise mon cœur, un remords déchire mon âme ; mon passé vit tout entier dans ma conscience, ce juge incorruptible.

MÈRE GIGOGNE, à Potichard. Il pense à la caisse à papa.

POTICHARD. Fallait pas qu'il y aille.

ÉDOUARD. « Il y a dans un coin du cerveau » de l'homme, sous la voûte de son crâne, une » lumière qui brûle pour lui seul, qui lui fait » voir les vrais contours de la vie ; qui lui mon- » tre au milieu du vague chemin que lui trace » la destinée, le bien et le mal, le juste et l'in- » juste, la droiture et la félonie. Cette lumière, » c'est la conscience. Soufflent sur elle les qua- » tre vents du ciel, et l'ouragan qu'ils soulève- » veront ne l'empêchera pas de monter pure et » droite vers Dieu ; mais passe le crime et qu'il » l'effleure de son haleine, la lumière s'éteint, » et le criminel va trébuchant dans la nuit de la » honte, dans les ténèbres de l'ignominie. »

POTICHARD Sapristi ! voilà qui est beau... (A la mère Gigogne.) Nous irons voir cette affaire-là.

MÈRE GIGOGNE. J'ai vu l'affaire hier.

ÉDOUARD. « Une injustice me révolte, mon » sang bout, la parole monte menaçante à mes » lèvres, j'ouvre la bouche... Je vais parler. » Oui ! mais le sentiment de ma honte me prend » aux cheveux, ma conscience me crie : Qui » es-tu ? toi qui veux reprendre les autres ? Il » me semble que tous les yeux qui me regardent

» avidement lisent au fond de mon âme ; que » toutes ces bouches qui me sourient amère- » rement murmurent, au milieu de leur sou- » rire, ce mot que chaque battement de mes » artères fait sonner à mon oreille : l'honneur » de ton père ! misérable !... l'honneur de ton » père !... » (Il se laisse tomber sur un banc à gauche)

CRÉ-CHIEN. Mon bon maître, jamais je ne vous ai vu ainsi.

ÉDOUARD. Bon Cré-Chien ! que le ciel me refuse la main d'un ami à mon dernier jour, si je ne suis pas l'homme que tu aimes le plus et que tu estimes le mieux ; et si tu n'es pas l'homme que j'estime le mieux et que j'aime le plus. Dans mes bras ! Cré-Chien, dans mes bras ! Cré-chien, dans mes bras ! (Edouard et Cré-Chien se tiennent embrassés.)

POTICHARD, se levant. Bis !... bis !... Et en résumé ?

ÉDOUARD, se levant à son tour. En résumé, quand j'ai suffisamment racheté mon crime par les éternelles tortures de ma conscience, la comtesse Sophie me pardonne, le ministre me pardonne, mon père me pardonne, tout le monde me pardonne.

POTICHARD. Excepté moi.

ÉDOUARD. Pourquoi ?

POTICHARD. Forcer ainsi la caisse de votre brave homme de père.

CRÉ-CHIEN. Pour remplir celle de l'Odéon.

POTICHARD. Mère Gigogne, ce gaillard-là me plaît ; nous irons le voir, ce soir, dans une baignoire.

MÈRE GIGOGNE, avec pudeur. Oh !

POTICHARD. Mettons une loge grillée, et n'en parlons plus.

ÉDOUARD. En ce cas, au plaisir.

Air : Gustave.

Adieu, je vous laisse,
Je pars à l'instant.
Car l'heure me presse
Et le public attend.

ENSEMBLE.

ÉDOUARD-CRÉCHIEN.

Adieu, je vous laisse,
Je pars à l'instant ;
Car l'heure me presse
Et le public attend.

POTICHARD, MÈRE-GIGOGNE.

Qu'il parte et nous laisse
Qu'il parte à l'instant ;
Si l'heure le presse,
Si le public attend.

(Édouard et Cré-Chien sortent.)

SCÈNE VII.

POTICHARD, MÈRE GIGOGNE, puis UN OURS.

MÈRE GIGOGNE. Voulez-vous venir au Gymnase, bonne nouvelle, beau succès : Tévérino dit Flaminio.

POTICHARD. Flaminio ?

MÈRE GIGOGNE. Ou l'influence de l'amour sur

la barbe. Au prologue, il a une barbe sale et longue; au premier acte, il est amoureux et porte des moustaches; au deuxième acte, son amour augmente, sa moustache diminue; au troisième acte, il se marie, il est complètement rasé. Aimez-vous mieux la Gaîté qui a envoyé le drame aux 500 diables?

POTICHARD. Et Eva, la pièce du théâtre de la Bourse?

MÈRE GIGOGNE. E...va tant qu'elle peut, en attendant un succès; aussi...

AIR : la Catacoua.

A ce théâtre je répète,
Avec le roi des chansonniers,
Le gai flon flon que le poète
Chante à son ami Désaugiers :
« Fais-nous apparaître à la file
» Jusqu'aux enfants de Tabarin,
» Eh! va ton train,
» Gai boute-en-train,
» Mets-nous en train, bien en train, tous en train,
» Et rends enfln
» Au Vaudeville
» Ses grelots et son tambourin. »

REPRISE ENSEMBLE.

« Et rends enfln, etc. »

MÈRE GIGOGNE, Préférez-vous les Folies nouvelles, ex-Folies concertantes, ex-Folies Mayer... boulevart du Temple, rive droite.

POTICHARD. Ça marche-t-il ?... eh! eh!...

MÈRE GIGOGNE. Hum! hum!...

(Cris au dehors.)

POTICHARD. Quels sont ces cris-ci ?

MÈRE GIGOGNE. Le dernier ours des Variétés, qui vient de s'échapper de sa cage...

(L'ours traverse le théâtre. On entend des cris. L'ours disparaît.)

POTICHARD. Les théâtres qui crient, comme s'ils ne connaissaient pas tous cet animal-là...

SCÈNE VIII.

LES MÊMES, MOINS L'OURS, DUR-A-CUIRE.

DUR-A-CUIRE, en soldat. En voilà de ces z'hurlements pour un ours dramatique! S'ils avaient donc affaire à celui du nord... qu'est-ce qu'ils diraient ?

POTICHARD. Ab! voilà le Cirque.

DUR-A-CUIRE. Du tout, bourgeois, je fais partie *intrinsèche* de la troupe de l'*Hippodrôle*. C'est moi que je représente le siége de Silistrie à moi soi seul, z'avec mon bataillon, que j'aimerais fichtre mieux, foi de Dur-à-Cuire qui est mon nom, me flanquer une tatouille pour de vrai sur le théâtre de la guerre, comme les *amaraux*, que de parader z'incontinent devant z'une forteresse en carton, que c'est censé la *questition* d'Orient, parce qu'au moins, là-bas, ils font de la bonne besogne; pour lors, bourgeois, *maginez*-vous que les Cosaques du Don... voulaient crocheter la porte. Pour lors, bourgeois, les Anglais et les Français ont dit : **Minute, monseigneur! Nous *chommes-là*; nous**

allons aider le *maire-pacha* à te tremper une soupe aux petits ognons, et, à nous trois, nous nous moquons de *tes rapias.*

MÈRE GIGOGNE. Mais les Français et les Anglais ne doivent pas se comprendre.

DUR-A-CUIRE. Ah! dam! bourgeoise...

AIR : Un homme pour faire un tableau.

Le fait me paraît z'éventuel,
Je saisis très bien l'apologue;
Nos camps, c'est la tour de Babel,
Relativement z'au dialogue.
Mais, comme on a plus de vigueur,
Dans l' poignet que dans les z'harangues,
On se serr' la main de bon cœur...
Et ça s' comprend dans tout's les langues.

Pour lors, bourgeois, et à seule fin d'en revenir aux *rustres*, on a commencé par leur z'y raser le *beau marsund* qui faisait le fort ; et, sans leur laisser le temps de tourner *cosaque*, on a mis les prisonniers dans l'*huile dAix*...

POTICHARD. l'île d'Aix.

DUR-A-CUIRE. L'*huile d'Aix*. Je *kronstad* le fait, je ne l'apprécie pas, après quoi z'on est allé s'escrimer en Crimée, où s'qu'on fait le siége de *ses basques à Paul*. Pour lors et maintenant, bourgeois, pour tanner complètement le cuir de Russie, ce n'est plus qu'une question de *temps*, d'autant plus que les paysans moscovites, autrement dit les rus...tiques, en ont assez comme ça. Les seigneurs regardent les serfs avec dédain, on les mène à coups de *knout*, c' qui fait qu'ils n' sont pas si heureux *qu' nous* ; et on les paie avec des *kopecks*, une mésirable monnaie avec laquelle on ne pourrait aller *qu'au Peck*... et encore! tandis que moi, puissance occidentale, avec z'une sardine et la croix d'honneur, on me ferait z'aller dans la lune, train direct. Là-dessus, bonsoir la compagnie! J'entonne mon chant de guerre. Qui m'aime, m'accompagne !

AIR : Anglo françoise. (*Henrion.*)

En avant! en avant! marchons! Dieu nous pro-
(tége,
Au secours du bon droit lui-même nous conduit,
Pleuvent sur le soldat les balles et la neige,
Rien ne peut l'arrêter dans le but qu'il poursuit.
Nos drapeaux couronnés de l'aigle qui menace,
Laissent lire en leurs plis plus d'un fait éclatant ;
Pour en inscrire encore on fera de la place.
En avant! en avant!
Eu avant! en avant!
En avant!

(Pendant ce couplet, tous les personnages de la revue sont rentrés.)

SCÈNE IX.

TOUS LES PERSONNAGES.

REPRISE EN CHŒUR.

Pour en inscrire encore, etc.

POTICHARD. Cristi! oui. Allons-y gaîment. (Chantant.)

En avant, fanfan la tulipe,
Fanfan la tulipe en avant.

MÈRE GIGOGNE. Ne me quittez pas. A minuit, l'année expire et je m'éteins avec elle. Egayez au moins mes derniers instants.

POTICHARD. C'est juste. En ce cas, chantons la *Mère Gigogne*, à grand orchestre !...

VAUDEVILLE FINAL.

AIR nouveau de M. Lautz.

Ou : Bon voyage M. Dumollet.

CHOEUR.

Mèr' Gigogne,
Par des refrains,
Vous égayer est un' douce besogne ;
Mère Gigogne,
Par des refrains,
Heureux qui sait endormir ses chagrins.

BOUSTIFAILLE.

C'est à Longchamps qu' les lions de la Bourse,
Vont faire courir et cheval et jockei ;
C'est un peu loin, et l'plaisir de la course,
N'est certes pas dans cell' que l' public fait.

CHOEUR.

LA NONNE.

De Saint Marcel on va faire une halle,
La halle aux cuirs... Est-c' bien sûr ? Ma foi, non.
Mais qu' cela soit ou qu'on garde la salle,
La halle aux cuirs peut rester son vrai nom.

CHOEUR.

POTICHARD.

Le chemin d' fer d'Auteuil est dans une cave,
Dont chaque gare est un soupirail ;
Entre deux murs le voyageur s'enclave,
Et, tout le long, ne fait que railler l'rail.

CHOEUR.

OPÉRA-LYRIQUE.

Le *Mousquetaire*, un journal fort espiègle,
S'est illustré d'une vignette. Bref !
A son chapeau flotte une plume d'aigle...
Celle après tout du rédacteur en chef.

CHOEUR.

OPÉRA-COMIQUE.

Lorsqu'aux Français j'espérais voir *Médée*,
J'apprends, hélas ! qu'elle vous quitte encor ;
Soit ! c'est son droit, mais peste de l'idée !
N'a-t-elle pas chez nous la Toison d'or ?

CHOEUR.

DUR-A-CUIRE.

D'vant l'Ambigu s'élève une colonne,
Qu'à sa lueur on reconnaît de loin ;
A quoi sert donc ce phare qui rayonne ?
J'pourrais l' savoir, mais je n'ai pas besoin.

CHOEUR.

BOUSTIFAILLE.

Sur l'omnibus étagère, un homme ivre,
Grimpant hier veut me flanquer des coups ;
Le conducteur, du pochard me délivre :
Vous èt's si saôul que je ne veux pas d' vos trois
(sous.

CHOEUR.

BADIGEON, ouvrant un parapluie.

La pluie, hélas ! et m'attriste et m'ennuie,
Du macadam je redoute la glu ;
Chaque saison, nous avons eu de la pluie,
J'prétends qu'un temps plus tentant m'eût plus plu

CHOEUR.

EDOUARD.

e nos soldats, benjamins de la victoire,
Par le tabac les ennemis sont eharmés ;
Fumée d' tabac ou fumé' de la gloire,
Jen'vois là d'dans que les Russ's... de fumés.

CHOEUR

MÈRE GIGOGNE, au public.

Toc ! toc ! messieurs, c'est notre auteur qui cogne,
Dans la coulisse il attend vos arrêts ;
Ah ! prouvez lui que la mère Gigogne,
Dans ses enfants compte aussi le succès.

CHOEUR.

Mèr' Gigogne,
Par des refrains, etc.

FIN.

Imprimerie de Madame de Lacombe, rue d'Enghien, 14.